CATALOGUE

DES

ANCIENNES FAÏENCES

FRANÇAISES ET ÉTRANGÈRES

DE

Rouen, Nevers, Sinceny, Marseille, Sceaux
Moustiers, Saint-Omer, Aprey, Les Islettes, Lunéville
Ancy-le-Franc, Strasbourg, Kiel
Delft, Alcora, Castelli, Venise, Rhodes, etc.

TRÈS RARE ET JOLI VASE EN ANCIENNE PORCELAINE DE LORIENT

De l'époque de la première République

PORCELAINES ANCIENNES DE LA CHINE ET DU JAPON

COMPOSANT

La Collection de M. JEOFFROY

ET DE

TAPISSERIES, TENTURE ET MEUBLES ANCIENS

Appartenant à divers

DONT LA VENTE AURA LIEU

HOTEL DROUOT, SALLE N° 10

Le Lundi 24 Avril 1899, à 2 heures

Mᵉ G. DUCHESNE	M. CAILLOT
COMMISSAIRE-PRISEUR	EXPERT
6, rue de Hanovre, 6	17, rue Lafayette, 17

EXPOSITION PUBLIQUE

Le Dimanche 23 Avril 1899, de 1 heure 1/2 à 5 heures 1/2

PARIS — 1899

IMPRIMERIE MAULDE ET RENOU

———

MAULDE, DOUMENC & Cie
IMPRIMEURS DE LA COMPAGNIE DES COMMISSAIRES-PRISEURS
Rue de Rivoli, 144

CATALOGUE

DES

ANCIENNES FAÏENCES

FRANÇAISES ET ÉTRANGÈRES

DE

Rouen, Nevers, Sinceny, Marseille, Sceaux
Moustiers, Saint-Omer, Aprey, Les Islettes, Lunéville
Ancy-le-Franc, Strasbourg, Kiel
Delft, Alcora, Castelli, Venise, Rhodes, etc.

TRÈS RARE ET JOLI VASE EN ANCIENNE PORCELAINE DE LORIENT

De l'époque de la première République

PORCELAINES ANCIENNES DE LA CHINE ET DU JAPON

COMPOSANT

La Collection de M. JEOFFROY

ET DE

TAPISSERIES, TENTURE ET MEUBLES ANCIENS

Appartenant à divers

DONT LA VENTE AURA LIEU

HOTEL DROUOT, SALLE N° 10

Le Lundi 24 Avril 1899, à 2 heures

Mᶜ G. DUCHESNE	M. CAILLOT
COMMISSAIRE-PRISEUR	EXPERT
6, rue de Hanovre, 6	17, rue Lafayette, 17

EXPOSITION PUBLIQUE

Le Dimanche 23 Avril 1899, de 1 heure 1/2 à 5 heures 1/2

PARIS — 1899

CONDITIONS DE LA VENTE

Elle sera faite au comptant.

Les acquéreurs paieront CINQ CENTIMES PAR FRANC en sus des enchères.

Aucune réclamation ne sera admise une fois l'adjudication prononcée.

MAULDE, DOUMENC et Cⁱᵉ, imp. de la Cⁱᵉ des Commissaires-Priseurs,
rue de Rivoli, 144   400—80880

DÉSIGNATION

ANCIENNES FAIENCES DE ROUEN

1 — ROUEN. Grand Plat rond à bord contourné, décor polychrome dit à la double corne. Diam., 39 cent. Marqué D. L.

2 — ROUEN. Plaque ronde à bord en saillie formant encadrement, décor polychrome; au centre, en relief, l'empereur Joseph. Diam., 175 millim.

3 — ROUEN. Pichet et son couvercle, décor polychrome de personnages chinois; quadrillés avec réserves contenant des crevettes. Haut., 24 cent.

4 — ROUEN. Cuvette de forme ovale, décor camaïeu bleu de rinceaux et guirlandes de fleurs. Long., 30 cent.; larg., 20 cent. Marquée D. L.

5 — ROUEN. Assiette à bord contourné, décor polychrome de bouquets de fleurs avec tulipe. Marquée M. P. R.

6 — ROUEN. Compotier à bord découpé de huit grandes dents; décor polychrome de bouquets de fleurs avec tulipe. Marqué D.

7 — ROUEN. Compotier semblable au précédent.

8 — ROUEN. Assiette à bord contourné, décor polychrome dit à la corne tronquée.

9 — ROUEN. Assiette semblable à la précédente.

10 — ROUEN. Assiette à bord contourné, décor polychrome en plein de pagode, chinois tenant une oriflamme et tiges fleuries.

11 — ROUEN. Assiette à bord contourné, décor polychrome en plein de pagode, chinois tenant un parasol, tiges fleuries, canard et papillons.

12 — ROUEN. Assiette à bord contourné, décor camaïeu bleu; le marli est composé de rinceaux, cartouches quadrillés et de guirlandes de fleurs; au centre, corbeille fleurie et ornement. Marquée M. R.

13 — ROUEN. Assiette à bord contourné, décor polychrome dit à la corne. Marquée B. B.

14 — ROUEN. Assiette à bord contourné semblable à la précédente.

15 — ROUEN. Assiette à bord contourné semblable aux précédentes.

16 — ROUEN. Assiette creuse à bord contourné, décor polychrome en plein de pagodes, deux personnages chinois sur un pont, cours d'eau, canards et tiges fleuries.

17 — ROUEN. Assiette à bord contourné, décor polychrome en plein de deux personnages chinois tenant un parasol, un troisième dans une barque, arbustes et tiges fleuries.

18 — ROUEN. Assiette décor polychrome dit à la pagode; quadrillé vert et rouge au marli avec bouquets de fleurs dans quatre réserves. 'Marquée G 3.

19 — ROUEN. Assiette décor polychrome à peu près semblable à la précédente.

20 — ROUEN. Assiette, décor polychrome en plein, composé de deux personnages chinois dansant, pagodes, oiseaux, arbuste et tiges fleuries.

21 — ROUEN. Assiette à bord contourné, décor polychrome à la haie; au marli, fleurs sur fond vermiculé.

22 — ROUEN. Assiette à bord contourné, décor polychrome dit à la rose jaune. Marquée PS.

23 — ROUEN. Assiette à bord contourné, décor polychrome; au marli, bouquets de fleurs et papillons, le fond est composé de trois oiseaux sur terrasse avec arbustes et tiges fleuries. Très beau coloris. Atelier de LEVAVASSEUR.

24 — ROUEN. Assiette décor polychrome dit au jardinet; quadrillé vert et rouge avec quatre réserves contenant des fleurs et feuillages au marli. Marquée G 3.

25 — ROUEN. Assiette décor polychrome dit au

sainfoin ; quadrillé vert et rouge avec quatre réserves contenant des fleurs et feuillages au marli.

26 — Rouen. Assiette décor polychrome, le fond est entièrement couvert de motifs et d'un personnage chinois assis, tenant un parasol, avec insectes et oiseau ; au marli, un galon.

27 — Rouen. Assiette décor polychrome en plein, composé de trois personnages dans un paysage avec haie, arbustes et tiges fleuries. Très beau coloris.

28 — Rouen. Assiette à bord contourné, décor polychrome en plein de grenades, oiseaux, chardons et de coqs combattant. Marquée DM.

29 — Rouen. Assiette à bord contourné, décor polychrome en plein, composé de deux personnages chinois, l'un tenant un parasol, l'autre prosterné, pagodes et tiges fleuries.

30 — Rouen. Assiette à bord contourné, décor polychrome ; au fond un léopard, haie et arbuste portant deux oiseaux, le marli est composé d'un galon et tiges fleuries.

31 — Rouen. Assiette à bord contourné, décor polychrome en plein, composé d'un arbuste chargé d'œillets, d'un gros perroquet et d'insectes.

32 — Rouen. Assiette à bord contourné, décor polychrome dit au carquois. Signé Dieul.

33 — Rouen. Assiette à bord contourné, décor

polychrome en plein, composé de deux personnages chinois se donnant le bras, léopard,
pagodes, haies et arbustes fleuris.

34 — .ROUEN. Assiette, décor polychrome composé de deux personnages chinois dans diverses attitudes avec arbres et oiseaux; au
marli, petits fleurons et armoirie du Comman-
deur DUPRAT.

35 — ROUEN. Assiette à bord contourné, décor
polychrome en plein composé d'œillets, d'arbustes et d'oiseaux.

36 — ROUEN. Assiette décor camaïeu bleu dit
à l'échantillon ; au marli, ornements et fleurons.

37 — ROUEN. Grand Plat à bord contourné, décor
polychrome dit à la haie ; au marli, fleurs sur
fond vermiculé. Diam., 38 cent.

38 — ROUEN. Assiette à bord contourné, décor
polychrome en plein, composé d'un motif ro-
caille avec arbre chargé d'œillets et de trois
perroquets.

39 — ROUEN. Assiette, décor polychrome en plein,
composé de trois personnages chinois dans
diverses attitudes, haies et oiseaux.

ANCIENNES FAIENCES DE NEVERS

40 — NEVERS. Corbeille à fruits, entièrement
ajourée de quadrillages à filets polychromes.
Diam., 28 cent.

41 — Nevers. Pot à surprise, décor bleu et manganèse, col ajouré ; sur la panse, un Chinois. Haut. 20 cent.

42 — Nevers. Saladier à bord contourné, décor polychrome représentant l'*Arbre d'Amour*, avec de nombreux personnages dans diverses attitudes et quantité d'inscriptions. Diam., 34 cent.

43 — Nevers. Tête Porte-Bouquet, décor polychrome représentant Bonaparte. Diam., 23 cent.

44 — Nevers. Saladier à bord contourné, décor polychrome, dans le fond, écusson composé d'un médaillon avec trois fleurs de lis et attributs maçonniques, le tout surmonté d'une couronne royale ; au bord, trois réserves contenant des instruments de mathématiques et d'astronomie reliés par des quadrillés. Diam., 35 cent.

45 — Nevers. Assiette, décor polychrome, ballon à trois ailes dirigeables, monté d'un personnage.

46 — Nevers. Assiette patriotique, personnage et inscription : *Je suis las de les porter.*

47 — Nevers. Assiette patriotique, les trois ordres, drapeau, canon et inscription : *W. la Nation.*

48 — Nevers. Assiette patriotique, mouton surmonté d'une fleur de lis et d'une couronne royale.

49 — NEVERS. Assiette patriotique ; les trois ordres, drapeau, canon et médaillon avec les lettres AH.

50 — NEVERS. Assiette patriotique ; socle accompagné d'une crosse et d'une épée surmontées de la couronne royale.

51 — NEVERS. Assiette patriotique ; canon, drapeau, bonnet phrygien, avec l'inscription : *A ça ira.*

52 — NEVERS. Assiette patriotique semblable à la précédente.

53 — NEVERS. Assiette patriotique ; les Trois Ordres accompagnés de deux roues et d'une fleur de lis ; le tout surmonté d'une couronne royale.

54 — NEVERS. Assiette patriotique ; cage ouverte et oiseau dans une corbeille.

55 — NEVERS. Assiette patriotique, avec l'inscription : *Trésor national. 1791.*

56 — NEVERS. Assiette patriotique ; enfant dans une chaise, avec l'inscription : *Je vous annonce le bonheur de la France.*

57 — NEVERS. Assiette patriotique ; médaillon surmonté d'un personnage, avec l'inscription : *Je chéris ma liberté.*

58 — NEVERS. Prêtre tenant un livre, avec l'inscription : *Je jure de maintenir de tout mon pouvoir la Constitution,* etc.

59 — NEVERS. Assiette patriotique ; un prêtre et

un noble, avec l'inscription : *Le malheur nous réunit.*

— NEVERS. Assiette patriotique ; dans un médaillon, les Trois Ordres surmontés d'une couronne royale, avec l'inscription : *A sa durée tient le bonheur public. 1789.*

51 — NEVERS. Assiette patriotique ; paysan assis, avec l'inscription : *Le patriote satisfait. — A ça ira.*

62 — NEVERS. Assiette patriotique, avec l'inscription : *Égalité — nous jouons de malheur — le plus fort l'emporte.*

63 — Assiette patriotique, avec l'inscription : *La Constitution acceptée par le roi. 1791.*

64 — NEVERS. Assiette patriotique ; un chien, un livre et une affiche, avec l'inscription : *Je garde la Constitution. 1791.*

65 — NEVERS. Assiette patriotique ; renard pris dans un piège, avec l'inscription : *Le plus fin se trompe* (allusion à Robespierre).

66 — NEVERS. Assiette patriotique ; les Trois Ordres et trois cœurs dans un médaillon, avec l'inscription : *La lumiere les éclaire.*

67 — NEVERS. Assiette patronymique ; trois personnages, avec l'inscription : *Jacques Tampie, Jeanne Tampie. 1792.*

— NEVERS. Assiette patronymique ; prêtre, évêque et enfant dans un berceau, avec l'inscription : *Charles Renous. René Saulin. 1775.*

69 — NEVERS. Assiette patronymique ; moine, avec l'inscription : *François Seurat. 1753.*

70 — NEVERS. Assiette décor camaïeu bleu ; prêtre priant, avec l'inscription : *Charles Duval le Jeune. 1772.*

71 — NEVERS. Assiette patronymique ; évêque donnant la bénédiction à un enfant dans un berceau, avec différents outils de couvreur et l'inscription : *René Besson, maître couvreur à Angers. 1775.*

72 — NEVERS. Assiette maçonnique décor polychrôme ; au centre, outils de maçon tenus par un nœud ; en dessous, est écrit : *Ère vulgaire 5813*, le soleil et inscription : *Fiducia ∴ guerre ∴* au marli, livre, étoile, niveau, compas, épis, etc., et l'inscription : *Sainte Colombe à l'O ∴ de Bourges ;* reproduite dans l'ouvrage de M. Fieffé.

73 — NEVERS. Assiette maçonnique, décor polychrome. Très rare.

ANCIENNES FAIENCES FRANÇAISES
DIVERSES

74 — SINCENY. Assiette octogone, décor polychrome, en plein, composé de deux personnages chinois, haies et branchages fleuris. Marqué S.

75 — SINCENY. Plat oblong à bord contourné, dé-

cor polychrome; au fond, cinq personnages chinois dans diverses attitudes, le marli est composé de branchages et de fruits. Long., 35 cent.; larg., 27 cent.

76 — Marseille. Assiette à bord contourné, décor polychrome ; au fond, blason au-dessous duquel se trouvent les lettres M. D. enlacées, le bord est à hachures carmin et sur le marli existent des fleurettes.

77 — Marseille. Assiette à bord contourné, décor polychrome ; au fond, l'armoirie de Jean-Etienne Bernard de Cluny. Marquée VP.

78 — Marseille. Assiette à bord contourné, décor polychrome composé de deux personnages en costume Louis XV, assis dans un paysage avec cours d'eau et ruines ; au marli, branchages et fleurettes.

79 — Aprey. Assiette à bord contourné, décor polychrome ; au fond, un panier fleuri, le marli est composé d'une double bordure carmin et fleurettes.

80 — Marseille. Assiette à bord contourné, décor polychrome de bouquets de fleurs sur fond jaune. Veuve Périn.

81 — Marseille. Deux petits chiens carlins, sur terrasses, décor polychrome. Haut., 17 cent.

82 — Marseille. Petite plaque cintrée à la partie supérieure, décor polychrome et or, représentant la Vierge et l'Enfant-Jésus ; au bord, petit dessin carmin et doré. Haut., 17 c.; larg, 11 cent.

83 — SCEAUX. Assiette à bord contourné, doré et filet bleu, décor polychrome ; au fond, oiseaux sur terrasse ; le marli est composé de trois branches chargées de fruits.

84 — SCEAUX. Assiette à bord contourné doré et filet bleu, décor polychrome. Le fond est orné de deux oiseaux et sur le marli se trouvent des branchages chargés de fruits et deux oiseaux.

85 — MOUSTIERS. Deux petites plaques rectangulaires ; à la partie supérieure, une coquille percée ; le bord en saillie forme encadrement. Décor polychrome représentant : la première, une barque à la dérive, montée par de nombreux personnages, et la deuxième, une scène de pugilat. Haut., 21 cent. Larg., 20 cent.

86 — MOUSTIERS. Assiette à bord contourné, décor polychrome représentant Vénus et l'Amour dans un médaillon.

87 — MOUSTIERS. Assiette décor camaieu bleue ; dans le fond, une armoirie ; au marli, un ruban.

88 — MOUSTIERS. Assiette à bord contourné, décor polychrome de personnages dans un cartouche ; sur le marli, pendentifs de fleurs.

89 — MOUSTIERS. Assiette à bord contourné, décor polychrome représentant Vénus et l'Amour dans un médaillon, au marli, guirlandes de fleurs. Signé : Oléry.

90 — MOUSTIERS. Pot à anse, corps renflé, sur piedouche, col s'évasant en déversoir ; décor po-

lychrome composé de paysage et fleurettes. Haut., 17 cent.

91 — SAINT-OMER. Assiette à bord contourné, décorée en blanc sur fond gros bleu.

92 — LES ISLETTES. Plat à bord contourné, à hachures carmin, décor polychrome représentant un dragon à cheval dans un paysage. Diam., 31 cent.

93 — LES ISLETTES. Plat à bord contourné, décor polychrome représentant Napoléon Ier à Ratisbonne avec l'inscription : Prise de Ratisbonne. Diam., 31 cent.

94 — APREY. Assiette à bord contourné, décor polychrome ; au fond, deux oiseaux sur terrasse ; sur le marli, bouquets de cerises.

95 — Faïence indéterminée, style rouennais. Plat à bord contourné, décor polychrome : au fond, personnages chinois sur une terrasse ; sur le marli, feuillages et double guirlande. Diam. 30 cent.

96 — Faïence indéterminée, style Rouennais. Plat à peu près semblable au précédent. Diam., 30 cent

97 — LUNÉVILLE. Groupe sur terrasse, décor polychrome ; jeune fille et jeune garçon se tenant par les mains et dansant. Haut., 21 cent.

98 — NORD. Assiette, décor bleu et manganèse, représentant une femme debout, coiffée du bonnet

phrygien, tenant d'une main un compas et une équerre.

99 — ANCY-LE-FRANC. Plat à bord festonné, décor au fond de trois Amours jouant dans un paysage; sur le marli, quatre coquilles et branchages fleuris. Diam., 29 cent.

ANCIENNES FAIENCES ÉTRANGÈRES
DIVERSES

100 — KIEL. Assiette à bord contourné doré, décor polychrome; au fond, gros bouquet de fleurs; au marli, papillon.

101 — KIEL. Assiette à bord contourné doré, décor polychrome; au fond, petit bouquet de fleurs, sur le marli, fleurettes.

102 — ALCORA. Assiette, décor polychrome en plein de personnages chinois et branchages fleuris.

103 — CASTELLI. Soucoupe à bord contourné, décor polychrome représentant une femme assise tenant une volaille.

104 — STRASBOURG. Assiette à bord contourné, décor polychrome de fleurs. Signée *Joseph Hanong*.

105 — STRASBOURG. Assiette à peu près semblable à la précédente. Signée *Joseph Hanong*.

106 — STRASBOURG. Assiette à bord contourné, décor polychrome, composé d'un personnage chinois et de fleurs. Signée *Joseph Hanong*.

107 — STRASBOURG. Assiette à bord contourné, décor polychrome ; au fond, coq sur une terrasse et bonnet phrygien.

108 — NIDERWILLER. Assiette à bord dentelé et marli ajouré, décor camaïeu rose représentant un paysage. Marquée P.

109 — NIDERWILLER. Assiette à bord contourné, décor polychrome ; au fond, composition d'après TÉNIERS, de trois personnages et un chien dans un paysage ; le marli est formé de bouquets et feuillages en relief.

110 — MILAN. Assiette à bord contourné, décor polychrome ; au fond, une habitation ; sur le marli, verdure.

111 — DELFT, Deux Beurriers à oreilles droites, décor camaïeu bleu ; les couvercles sont surmontés d'un fruit et feuilles polychromes. Marque à la Hache.

112 — DELFT. Assiette, décor polychrome ; au fond, personnage chinois dans un paysage, sur le marli, bouquets de fleurs. Bordure rouge.

113 — VENISE. Assiette, décor polychrome en plein composé d'un personnage au milieu d'un paysage et de ruines.

114 — DELFT. Deux Plats ronds, l'un décor camaïeu bleu, l'autre décor polychrome de fleurs et ornements.

115-128 — RHODES. Quatorze Plats ronds, décor polychrome de personnage, animal, cafetière, vase, fleurs et ornements divers. Cette série est intéressante.

129 — RHODES. Plat rond, décor camaïeu bleu composé d'une rosace et d'ornements divers.

ANCIENNES PORCELAINES

130 — LORIENT. Vase de forme ovoïde sur pié-douche, décor polychrome et or, représentant des sujets et attributs de la première Révolution avec inscriptions diverses. Sur le socle est écrit : *Fabriqué dans le département du Morbihan, par Sauvageau, à Lorient.* Haut., 325 millim.

Cette pièce unique, décrite par Demmin, a été trouvée à Bar-sur-Seine.

131 — WORCESTER. Vase couvert à anse et deversoir, décor polychrome rehaussé d'or monté sur un pied en bronze ciselé et doré. Haut. totale, 30 cent.

132 — JAPON. Deux Plats, décor bleu, rouge et or ; au fond, vase, fleurs dans un médaillon relié au bord par des ornements divers. Diam., 34 cent.

133 — CORÉE. Plat, décor vert et rouge ; au fond, grand médaillon camaïeu vert composé d'une chimère dans un paysage ; autour de ce motif et jusqu'au bord, large bande de quadrillés

rouges dans laquelle existe quatre réserves de fleurs et feuillages vert et rouge. Diam., 33 cent. Pièce très rare.

134 — Corée. Grand Plat creux, décor vert et rouge composé de fleurs, feuillages, quadrillés et ornements divers. Diam., 38 cent. Pièce rare.

135 — Chine. Grand plat, décor camaïeu bleu composé de grands branchages fleuris, oiseaux et ornements divers. Diam., 39 cent.

136 — Chine. Plat, décor camaïeu bleu en plein composé d'un semis d'oiseaux fantastiques. Diam., 34 cent.

137 — Sous ce numéro, pièces omises au catalogue.

MEUBLES ET TAPISSERIES

APPARTENANT A DIVERS

138 — Beau Régulateur du temps de Louis XVI, dans sa caisse en acajou garni de bronzes ciselés et dorés à figure de Bacchus, masque du soleil, etc.

Il présente deux cadrans dont l'un indique les heures, les minutes et les secondes et l'autre les mois, les signes du zodiaque, les quantièmes et les mois. Époque Louis XVI.

139 — Petit Bureau de dame en acajou à moulures de cuivre, pieds cannelés, dessus de

marbre rouge avec galerie en cuivre ajouré.
Époque Louis XVI.

140 — Meuble de salon en bois sculpté recouvert
en soie brochée saumon à ornements et cou-
ronnes, bandes à palmes. Époque fin
Louis XVI, composé de : un Canapé, deux
Fauteuils et deux Chaises.

141 — Deux petits Meubles en acajou ouvrant à
un vantail, coins arrondis à étagères à fond
de glace, dessus de marbre gris. Epoque
Louis XVI.

142 — Coffre-Banquette à dossier en bois sculpté
à rinceaux, feuillages et cariatides de femmes.
Époque Louis XIII.

143 — Beau Coffre en bois sculpté à figures,
mascarons et ornements. Époque de la Renaissance.

144 — Crédence Renaissance, en chêne sculpté
à frises, mascarons, têtes de loup.

145 — Belle Tapisserie ancienne représentant *le
Sacrifice d'Iphigénie*. Composition de huit
figures. Bordure à fleurs. Haut., 2^{m}70 ; larg.,
2^{m}75.

146-151 — Suite de six Tapisseries d'Aubusson
représentant des monuments dans des paysages
animés de volatiles ; bordures incomplètes
Époque Louis XV (*Pourra être divisée*).

152-154 — Trois Tapisseries verdures avec oi-

seaux perchés dans des arbres ; bordures incomplètes. Époque Louis XIV.

155-156 — Deux Tapisseries d'Aubusson représentant dans des paysages des groupes de ber-
gers et moutons ; bordure à encadrements en-
guirlandés de fleurs.

157 — Tenture en lampas crème à bandes rouges.
Époque Louis XV.